★ 태양계의 행성

태양의 영향을 받는 공간과 그 공간에 있는 모든 천체를 태양계라고 해요. 태양계는 행성과 소행성, 혜성, 유성 그리고 행성의 둘레를 도는 위성 등으로 이루어졌어요.
태양계에는 8개의 행성이 태양 주위를 돌고 있어요. 바로 수성, 금성, 지구, 화성, 목성, 토성, 천왕성, 해왕성이지요.

★ 지구의 공전

행성이 태양의 둘레를 돌거나 위성이 행성의 둘레를 도는 것을 공전이라고 해요. 지구는 태양을 중심으로 1년에 한 바퀴씩 공전해요.

★ **태양** 태양계의 중심에 있으며, 태양계에서 스스로 빛을 내는 유일한 천체예요.

★ **화성** 붉은색을 띠며, 지구처럼 계절의 변화가 나타나요.

★ **수성** 태양에서 가장 가깝고, 태양계에서 가장 작은 행성이에요.

★ **지구** 태양계에서 유일하게 생명체가 살고 있어요.

★ **금성** 지구에서 가장 밝게 보이는 행성이에요.

해가 져요

해가 수평선 너머로 지고 있어요.
해는 어디로 가는 걸까요?
바로 그때, 지구 반대쪽에서 해가 뜨고 있어요.
여기서는 해가 지고, 저기서는 해가 떠요.
여기는 한밤중이고, 저기는 한낮이에요.
지구는 밤과 낮을 함께 품고 있어요.

★ 밤과 낮이 생기는 까닭

지구는 북극과 남극을 이은 축을 중심으로 하루에 한 바퀴씩 스스로 돌아요. 이것을 지구의 자전이라고 해요. 지구가 서쪽에서 동쪽으로 자전하면서, 태양이 동쪽에서 서쪽으로 움직이는 것처럼 보여요. 사실 태양은 움직이지 않아요. 지구가 돌면서 태양 빛을 받는 쪽은 낮이 되고, 태양 빛을 받지 않는 반대쪽은 밤이 되는 거예요.

밤이 다가와요

낮이 점점 사라지고 있어요.
밤이 점점 다가오고 있어요.
빛이 희미해지고 주위가 어둑어둑해졌어요.
서로가 보일 듯 말 듯한 신비로운 시간이에요.

★ **밤과 낮의 길이**

여름에는 낮이 길고 밤이 짧아요. 겨울에는 낮이 짧고 밤이 길어요. 북극은 9월부터 다음 해 3월까지 6달 동안 밤이고, 나머지 6달 동안 낮이에요. 남극은 북극과 반대고요. 적도에서는 1년 내내 밤과 낮의 길이가 같아요.

밤이 왔어요

깜깜한 밤이 왔어요.
밤이 온갖 색깔을 지웠어요.
아무것도 보이지 않아요.
어둠 속에 함정이 있을 것 같아요.
괴물이 우리를 지켜보고 있을지도 몰라요.
가만히 눈을 감고 서늘한 밤을 맞이해요.
어때요, 이제 무섭지 않죠?

★ 하루 동안 기온의 변화

기온은 하루 동안 계속 달라져요. 기온의 변화는 태양과 관련이 있어요. 태양이 떠 있는 낮에는 땅과 공기가 데워지면서 기온이 올라가요. 그리고 태양이 지고 밤이 오면 땅과 공기의 따뜻한 기운이 식어서 기온이 내려가요.

하루 가운데 기온이 가장 낮을 때는 해가 뜨기 직전인 새벽이에요. 기온이 가장 높을 때는 오후 2시에서 3시 사이예요.

빛이 왔어요

사람들은 50만 년 전에 불을 발견했어요.
불은 밤을 따뜻하고 환하게 밝혀 주었어요.
사람들은 불을 널리 퍼뜨렸어요.
불은 점점 사람들에게 편리한 빛으로 바뀌었어요.
이제 밤은 빛과 함께해요.

★ **초** 중세에는 촛불을 켰어요. 목화솜을 꼬아서 만든 심지에 양이나 소의 기름을 굳혀서 초를 만들었지요.

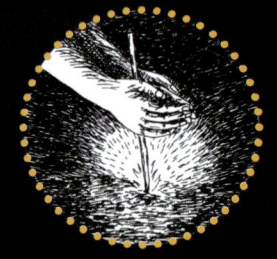

★ **불** 선사시대 사람들은 나무로 불을 피워 어둠을 밝히고, 집을 데우고, 동물을 쫓고, 따뜻한 음식을 만들었어요.

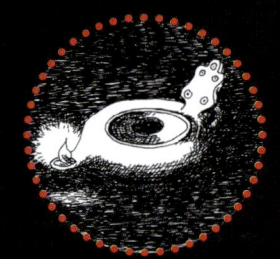

★ **기름등잔** 고대에는 기름등잔을 사용했어요. 그릇에 기름을 담아 천으로 만든 심지를 담그고 불을 붙이면 작은 불꽃이 일어요.

★ **밀초** 중세에는 밀로 만든 초도 있었어요. 밀은 벌집을 만들기 위해 꿀벌이 분비하는 물질이에요. 밀초는 기름으로 만든 초보다 연기가 덜 났어요. 밀초는 비싸서 부자나 교회에서만 사용했지요.

★ **석유등과 가스등** 18세기에는 석유등을 사용하다가, 1792년 영국의 윌리엄 머독이 가스등을 발명했어요. 가스등은 석탄 가스를 관으로 흐르게 해서 불을 켜는 등이에요. 가스등 덕분에 집과 거리에 불빛이 널리 퍼졌어요.

★ **전등** 1879년 미국의 토머스 에디슨이 백열전구를 발명했어요. 전선을 통해 집집마다 전기가 들어왔고, 전등은 세상을 빛내며 밤을 몰아냈어요.

빛의 축제

빛은 어두운 밤에 더 아름답게 빛나요.
반딧불이, 등불, 불꽃놀이, 알록달록한 전구들이
밤 속에서 즐겁게 춤을 춰요.
빛의 축제로 여러분을 초대할게요.

★ **불꽃놀이와 연소**
화약을 밤하늘로 쏘아 올려 연소시키면 아름다운 불꽃이 터져요. 연소란 물질이 열과 빛을 내며 타는 현상을 말해요. 연소를 위해서는 탈 물질과 산소가 있어야 해요. 그리고 발화점에 이르러야 해요. 발화점이란 물질에 불이 붙기 시작하는 가장 낮은 온도예요.

잠이 찾아와요

밤이 자장가를 부르면, 잠이 스르르 찾아와요.
잠들기 시작하면 눈꺼풀이 내려앉고 몸에서 힘이 빠져나가요.
잠에 빠져들면 눈이 움직이면서 꿈을 꾸기도 해요.
잠을 잘 자면 아이들은 몸이 자라고, 어른들은 마음이 편안해져요.
이제 잠잘 시간이에요.

> **★ 잠을 자는 까닭**
> 첫 번째, 잠은 몸과 마음을 푹 쉬게 해 줘요. 그래서 잠을 잘 자고 나면 마음이 편안해지고 몸에서 힘이 나지요.
> 두 번째, 잠을 자는 동안 우리 몸은 나쁜 균을 쫓아낼 수 있는 힘을 만들어서 병에 걸리지 않도록 해요.
> 세 번째, 잠을 잘 자고 나면 기억력과 집중력이 좋아져요. 잠을 충분히 자면 공부가 더 잘될 거예요.
> 네 번째, 잠잘 때 우리 몸은 성장을 돕는 물질을 만들어요. 충분히 잘수록 아이들은 더 건강하게 자랄 수 있어요.

잠이 들었어요

모두 잠에 빠졌어요.
어떤 사람은 깊게 잠들었어요.
어떤 사람은 얕게 잠들었어요.
동물들도 잠들었네요.
쉿, 조용히! 잠을 깨우면 안 돼요.

★ 동물들의 잠

기린과 얼룩말 같은 초식동물은 선 채로 짧은 시간만 잠을 자요. 육식동물이 다가오면 언제든 도망갈 수 있게요.
사자와 같은 육식동물은 잠을 깊게 잘 수 있어요. 잠에서 깰 만큼 무서운 동물이 없거든요.
물고기는 눈꺼풀이 없어서 눈을 뜬 채 헤엄을 멈추고 휴식을 취해요.
홍학은 긴 목을 접어 등에 대고, 한쪽 다리를 깃털 속에 넣고 자요. 몸을 따뜻하게 하기 위해서예요.
고릴라는 매일 새로운 장소에 나뭇잎이나 나뭇가지로 잠자리를 만들어요.

꿈속에서

꿈은 신기해요.
꿈속에서는 별별 일이 다 일어나거든요.
하늘을 날기도 하고, 동물이 되기도 해요.
마법사가 되어 모험을 떠나기도 해요.
옛날 사람들은 꿈을 매우 중요하게 생각했어요.
꿈을 풀어서 미래를 미리 헤아리기도 했거든요.
여러분도 잠에서 깨어나면 꿈 내용을 적어 놓아요.
꿈을 모두 잊어버리기 전에요.

> ★ **사람의 뇌가 하는 일**
>
> 뇌는 잠자는 동안 기억을 정리하고 저장해요. 대단하지요? 뇌는 우리 몸에서 아주 중요한 역할을 해요. 뇌는 보고 듣고 맛보고 냄새 맡는 등의 감각을 느낄 수 있게 해요. 몸이 어떻게 움직여야 하는지 뼈와 근육에 명령을 내리기도 하고요. 기억뿐만 아니라 생각과 말을 하도록 해요. 뇌 덕분에 몸의 각 부위는 자기 역할을 할 수 있는 거예요.

밤하늘을 올려다봐요

밤하늘을 가만히 올려다봐요.
무엇이 보이나요?
반짝이는 별이 보인다고요?
좀 더 자세히 봐요. 별만 있는 게 아니에요.
밤에만 볼 수 있는 특별한 구경거리를 놓치지 말아요.

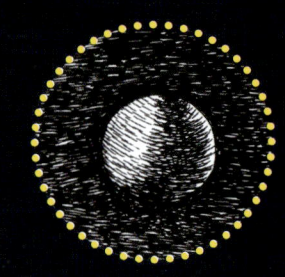

★ **행성** 금성, 화성, 목성과 같은 행성은 스스로 빛을 내지 못하지만, 태양 빛을 받아 우리 눈에 별처럼 보여요.

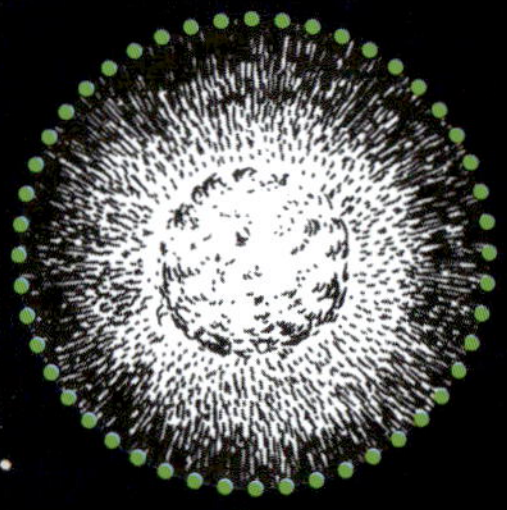

★ **별** 지구에서 보이는 별들은 태양과 비슷해요. 스스로 빛을 내거든요. 태양보다 큰 별도 있지만, 너무 멀리 있어서 지구에서는 작아 보여요.

끝없는 우주

밤하늘 너머에 우주가 있어요.
우주가 어디까지 펼쳐져 있는지는 알 수 없어요.
끝없는 우주를 생각하면, 우리는 아주 작은 존재예요.
다시 밤하늘을 봐요.
밤하늘이 더 깊어 보이지 않나요?

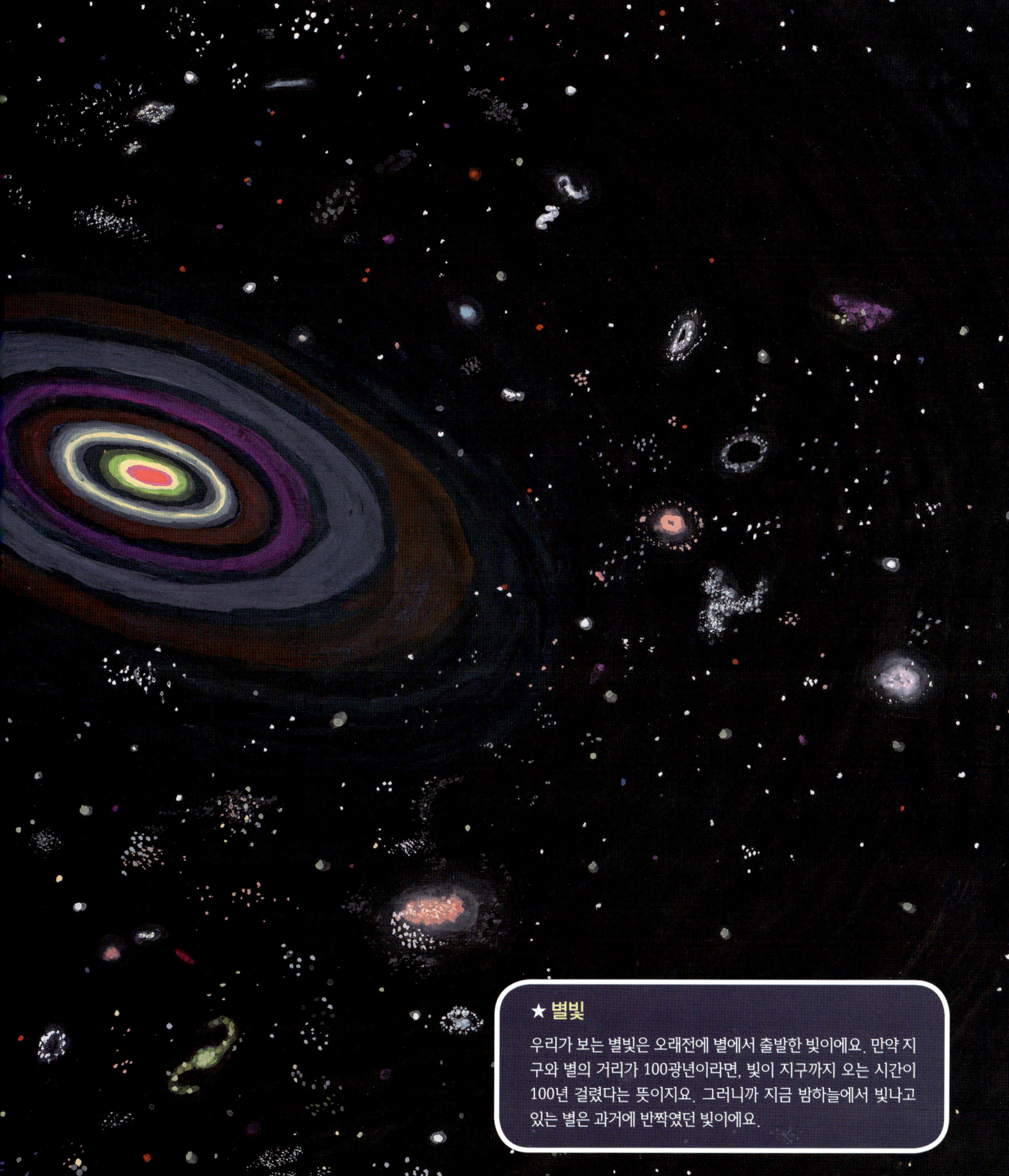

★ 별빛

우리가 보는 별빛은 오래전에 별에서 출발한 빛이에요. 만약 지구와 별의 거리가 100광년이라면, 빛이 지구까지 오는 시간이 100년 걸렸다는 뜻이지요. 그러니까 지금 밤하늘에서 빛나고 있는 별은 과거에 반짝였던 빛이에요.

밤하늘을 수놓은 별자리

밤하늘에서 소곤대는 소리가 들리나요?
수많은 별자리들이 이야기를 들려주고 있어요.
사람들은 지구에서 가까워 보이는 별들을
서로 이어 이름과 모양, 이야기를 만들었어요.
별자리 덕분에 밤하늘은 더 아름답게 빛나요.

★ **황도 12궁**

황도는 하늘에서 1년 동안 태양이 움직이는 길을 말해요. 황도 12궁은 황도에 있는 12개의 별자리를 말해요. 양자리, 황소자리, 쌍둥이자리, 게자리, 사자자리, 처녀자리, 천칭자리, 전갈자리, 궁수자리, 염소자리, 물병자리, 물고기자리가 있어요.

★ **북극성**

작은곰자리의 꼬리 부분에서 북극성이 빛나고 있어요. 북극성은 1년 내내 움직임 없이 북쪽에서 빛나기 때문에 예로부터 사람들에게 방향을 알려 주는 길잡이 역할을 했어요.

밤의 여왕

달은 보초를 서듯 지구의 주위를 돌아요.
달은 낮에는 잘 보이지 않지만 밤에는 여왕이나 마찬가지예요.
태양 빛을 받아 밤을 환하게 비춰 주거든요.
초승달, 반달, 보름달…….
오늘 밤엔 어떤 달이 뜰까요?

달 위에서

1969년 7월 20일, 인간이 처음으로 달 위를 걸었어요.
우주선은 아폴로 11호였어요.
우주비행사 닐 암스트롱과 버즈 올드린은 달 착륙선을 타고
'고요의 바다'라고 불리는 달에 도착했어요.
또 다른 우주비행사인 마이클 콜린스는 다른 두 명이 돌아오기를 기다리며
달 근처에서 사령선을 지키고 있었지요.
암스트롱과 올드린은 펄쩍펄쩍 뛰면서 이동했어요.
비행사들은 달의 돌과 먼지를 모으고, 사진을 찍었어요.
그리고 미국 국기를 꽂은 뒤 이런 문구를 남겼어요.
"우리는 모든 인류의 평화를 위해서 왔다."

★ 달의 중력

달 표면에서 우주비행사들이 펄쩍펄쩍 뛰어서 이동한 까닭은 무엇일까요? 바로 중력 때문이에요. 지구의 중력은 물체를 지구 중심으로 끌어당겨요. 중력 덕분에 우리가 지구 표면에 붙어서 걸어 다닐 수 있는 거예요. 달에도 중력이 있지만, 지구 중력의 6분의 1밖에 되지 않아서 물체가 땅에 잘 붙어 있지 못해요.

모든 것은 계속돼요

밤에도 지구는 움직여요.
바다가 들썩이고
강물이 흐르고
바람이 불고
구름이 흘러가고
나무가 자라요.
시간이 흐르며 모든 것은 계속돼요.

★ **식물의 낮과 밤**

식물은 낮에 햇빛을 받아 광합성을 해요. 잎 뒷면에 있는 작은 구멍으로 들어온 이산화탄소, 뿌리에서 흡수한 물, 그리고 햇빛으로 스스로 영양분을 만들지요. 식물이 광합성을 하는 동안 산소가 만들어져요.
밤에는 햇빛이 없어서 광합성을 하지 않고 호흡만 해요. 잎 뒷면에 있는 작은 구멍으로 산소를 흡수하고 이산화탄소를 내보내지요.

밤의 동물

밤의 주인이 있어요. 바로 밤에 활동하는 야행성 동물이지요.
낮의 동물이 보금자리에서 편히 쉬고 있을 때 밤의 동물은 조용히 어둠 속을 돌아다녀요.
오소리 가족이 땅속 둥지에서 나와서 먹이를 찾네요.
도마뱀도 일어나 먹잇감인 곤충을 찾아요.
야행성 동물은 또 누가 누가 있을까요?

★ **고슴도치** 고슴도치는 냄새를 잘 맡아요. 풀과 나뭇잎을 뒤져서 그 안에 숨은 작은 먹잇감을 잘 찾아내지요. 고슴도치는 자기 모습을 감추려 들지도 않아요. 가시를 세우면 다른 동물들이 함부로 다가오지 못하거든요.

★ **올빼미** 올빼미는 눈이 좋아서 어두운 곳에 있어도 잘 볼 수 있어요. 그리고 머리가 270도나 돌아가서 앞뒤를 모두 살필 수 있어요. 먹잇감인 들쥐가 나타나면 조용히 날아가 날쌔게 잡아채지요.

★ **밤나방** 민감한 털이 달린 밤나방의 더듬이가 냄새를 잡아내는 안테나 역할을 해요. 밤나방은 자신을 잡아먹는 위험한 동물을 피하기 위해 주로 밤에 활동하는 거예요.

★ **박쥐** 박쥐는 초음파를 내보내서 물체에 부딪쳐 돌아오는 소리를 듣고 물체의 위치와 크기를 알아내요. 그래서 어둠 속에서도 먹이를 잘 찾아내지요.

너구리와 산토끼도 밤에 활동해요.
밤의 사냥꾼 족제비도 일어났어요.
족제비 때문에 다람쥐가 잠에서 깨어나 도망가요.
사슴도 덩달아 깜짝 놀랐고요.
짓궂은 밤의 동물은 낮의 동물을 깨우기도 해요.

★ **고양이** 고양이는 어둠 속에서 잘 볼 수 있는 눈과 예민한 감각을 가진 수염이 있어서 밤에도 장애물에 부딪치지 않고 다닐 수 있어요.

★ **반딧불이** 여름밤이 되면 반딧불이는 짝을 찾기 위해 스스로 빛을 내요. 반딧불이의 몸속에 있는 빛을 내는 물질이 산소와 만나면서 연두색의 빛을 내는 것이지요.

어둠이 만든 세상

유령 가족이 나타났어요.
마녀가 중얼중얼 주문을 외워요.
초록색 도깨비불이 우리를 이끌어요.
달빛 아래서 늑대인간이 울부짖어요.
장난꾸러기 요정들이 양말을 짝짝이로 바꾸고,
이불을 끌어당기고, 케이크를 먹어 버려요.
모두 진짜가 아니라 어둠이 만들어 낸 상상이에요.
옛날 사람들은 그림자가 너울거려도 무서워했거든요.
이제 여러분만의 밤 친구를 상상해 봐요.

★ 어둠에 적응하는 사람의 눈

밝은 공간에서 갑자기 어두운 공간으로 가면 처음에는 아무것도 보이지 않다가 점점 어둠에 익숙해져요. 눈을 들여다보면 동그랗고 검은 부분이 있어요. 바로 눈동자예요. 어두우면 눈동자가 커져요. 빛을 최대한 많이 모아서 어둠에 익숙해지려는 거예요. 반대로 밝으면 눈동자가 작아져요. 빛을 최대한 적게 받아서 눈이 부시지 않게 해 주지요.

밤을 지키는 사람들

밤에 자지 않는 사람들이 있어요.
병원 사람들은 갑자기 아픈 환자를 돌봐줘요.
어딘가에 불이 나서 소방관이 출동해요.
망가진 길을 밤사이에 튼튼하게 고치는 사람들도 있어요.
신문사에서는 다음 날의 신문을 찍어요.
빵집에서는 아침에 먹을 빵을 굽기 시작해요.
밤에 달리는 택시를 타고 집으로 갈 수 있어요.
모두 밤을 지켜 주는 사람들이에요.

★ 빛 공해

도시는 밝은 조명 때문에 한밤중에도 대낮처럼 환해요. 밤의 불빛은 사람들이 깊게 잠들지 못하게 해요. 동물과 식물의 생활에도 피해를 주고 있어요. 식물들은 밤에도 빛을 받아서 수명이 짧아졌어요. 밤에 나는 새들은 길을 잃기도 하고, 야행성 동물들은 낮으로 착각해서 먹이를 구하기 힘들어졌어요. 게다가 밤이 너무 밝아서 하늘의 별이 보이지 않게 되었지요. 이처럼 생태계에 피해를 주는 빛을 '빛 공해'라고 해요.

새벽이 다가와요

밤이 뒤로 물러나요.
하늘이 밝아지고 있어요.
동쪽 지평선에서 해가 고개를 들어요.
점점 새벽빛으로 물들어요.
누가 잠을 잤나요? 누가 꿈을 꿨나요?
누가 축제를 벌였나요? 누가 일했나요?
이제 밤을 마무리해야 돼요.

★ 샛별

해가 뜨기 전 동쪽 하늘에서 샛별이 밝게 빛나요. 샛별은 사실 별이 아니라 행성이에요. 태양계에서 지구와 가장 가까운 행성인 금성이지요. 금성은 해질 무렵 서쪽 하늘에서도 볼 수 있어요.

아침이 왔어요

해가 떴어요!
서늘했던 공기가 조금씩 따뜻해지고 있어요.
별들은 어디로 갔나요?
하늘이 밝아서 별들이 사라진 것 같지만,
여전히 그 자리에 있어요.
어두운 밤을 건너 수많은 일을 거쳐
새로운 아침이 밝았어요.

★ 빛의 색깔

빛은 무지개 색을 지니고 있어요. 빛은 보이지 않지만, 물체와 만나면 색깔을 드러내요. 물체들은 빛을 흡수하기도 하고 반사하기도 하는데, 반사되는 색으로 물체가 보이게 돼요. 초록색 잎은 다른 색은 흡수하고 초록색을 반사하기 때문에 초록색으로 보이는 것이지요.

밤이 오면 또 만나요!